300

LA PAIX

ET

LA SAINTE ALLIANCE.

LA PAIX

ET

LA SAINTE ALLIANCE.

Par M. D. P.

PARIS

IMPRIMERIE DE L. MARTINET,

RUE MIGNON, 2.

1856

LA PAIX

ET

LA SAINTE ALLIANCE.

La justice est la meilleure politique.
TALLEYRAND.

Vivent les rois qui sont unis,
Vive Alger, Maroc et Tunis!
BÉRANGER.

Après de longs efforts, attirant les yeux de l'univers
sur l'espace circonscrit par les deux mers, la Noire et la
Baltique, il est arrivé, ce qui était aisé à prévoir, un
médiateur, ne regardant ni aux congrès, ni aux conférences, l'hiver, fort de son droit naturel, apparaissant
sous des traits plus rigoureux dans les climats d'ordi-
naire moins rudes; et ce médiateur a commandé de
cesser la lutte, bon gré malgré, en tirant une ligne infran-
chissable entre les camps ennemis. C'est donc, sinon la
crainte, au moins la nécessité commune qui a établi
entre eux cette sorte de démarcation, à la suite de laquelle, sans avoir parlementé, ni conclu d'armistice,
chacune des deux parties peut se reposer à loisir, et
laisser à ses principaux coryphées la faculté de se rendre
dans leurs foyers sans redouter quelque surprise. Il faut
dire cependant que si l'hiver a été un promoteur aussi
puissant de ce calme involontaire, le soin réciproque de

se procurer une sécurité dans ses cantonnements a été sans doute pour beaucoup dans cette situation, bien qu'elle ait l'apparence d'avoir été librement consentie. A la place du bruit des armes et de ses hauts faits dignes des temps héroïques, nous voilà au temps de la diplomatie, de la lutte des cabinets, de l'action de la plume et du fil électrique.

Pour nous autres, témoins à l'écart, nous pouvons aussi rassembler maintenant nos idées avec plus de tranquillité, et nous basant sur ce qui est parvenu à la connaissance publique, raisonner sur ce qui paraît vraisemblable dans un prochain avenir. Les devises que nous avons placées à la tête de notre travail, peuvent déjà fournir une indication, de quel côté nous nous proposons d'agir par une déduction impartiale. Qui sait, peut-être nos paroles ne seront-elles pas tout à fait *une voix prêchant dans le désert !* et attireront, ne fût-ce qu'en passant, l'attention de ceux qui tiennent aujourd'hui les destinées du monde dans leurs mains !

Reposez-vous, hommes vaillants, héros de la Crimée ! Ce repos vous est dû en toute justice. Vous l'avez mérité par le courage, par la persévérance, par le sang si abondamment versé dans la cause la plus sacrée. Vous, enfants alliés de l'Occident, cette avantgarde du monde, vous, fils de la France et de l'Albion, vous êtes dignes les premiers de lauriers, car vous vous êtes présentés au combat, pénétrés de la bonté de la cause, vous avez opposé les premiers vos nobles poitrines aux coups meurtriers de cet ennemi dont l'orgueil satanique et blasphématoire croyait pouvoir commander au monde de la raison et de la liberté.

C'était là votre mission marquée par le doigt de Dieu, depuis bien longtemps. Vous avez dû l'accomplir sans défaut, fiers de la grande direction qui vous échue, et par suite du mérite de votre passé, et à cause des espérances placées en vous. L'humanité entière vous en récompensera, l'histoire appréciera vos actions. A vous donc gloire et honneur indubitable !

Pour vous, qui combattez sous le drapeau contraire, comment vous parlerai-je, fils de la Russie. Victimes innocentes et dignes de pitié du système inhumain de vos Tsars, entourés de ténèbres et entraînés par le flux montant d'un fanatisme aveugle, vous ne comprenez même pas la cause dont vous êtes cependant les défenseurs. Vous versez votre sang à torrents, vous vous laissez égorger par milliers, braves et impassibles, au profit d'une tyrannie barbare ; opposés à des rangs vraiment chrétiens, tandis qu'il vous paraît, d'après ce qu'on vous a fait apprendre et croire, que c'est justement vous qui combattez pour la cause de la croix, et pour repousser les prétentions des sectateurs du croissant. Oh ! pourquoi donc votre sang serait-il condamné irrémissiblement à couler ainsi sans nulle utilité, sans l'approbation de Dieu, ni les remercîments du genre humain ? A-t-il cessé d'être pur et innocent, parce que dans votre ignorance vous le sacrifiez au profit de Satan ? Il n'en sera certes pas ainsi, et tout ce sang retombera, comme une malédiction, sur la tête de vos Tsars, en ne condamnant qu'eux seuls devant le tribunal suprême ; et pour vous, fils de race slave, ce sang vous aura, au contraire, racheté à votre insu de l'esclavage, afin de vous élever à la dignité humaine.

Quant à nous, enfants de cette vieille Léchie qui avait si bien mérité du monde, le sang précieux et martyr que vous versez pour une cause satanique, forcés de servir dans les rangs de votre plus mortel ennemi, ne serait-il donc qu'un pur holocauste sur l'autel de l'humanité, destiné à aggraver seulement vos fers, à rendre vos oppresseurs et plus orgueilleux et plus puissants, à perpétuer, enfin, votre esclavage, vos misères et vos souffrances? Telle a été la justice des hommes à votre égard, mais telle ne sera guère la justice divine.

Combattre avec élan dans une cause sainte, pour le bien de ses frères et de l'humanité, n'épargner ni sa vie ni aucun sacrifice, c'est sans doute là un des grands mérites de notre race; mais verser son sang pour la cause du tyran qui vous y force par des violences inouïes, verser ce sang sans même se douter qu'on le verse pour sa propre ruine, et puis plonger un fer fratricide dans le sein de ceux qui se dévouent justement pour l'humanité, et se suicider ainsi en eux; oh! la seule idée de pareils sacrifices émeut et pénètre au plus profond de l'âme. Les annales humaines ne nous présentent aucune situation analogue. Le Christ seul a pu se sacrifier en se livrant à ses ennemis, et verser son sang pour leur bien et pour le salut de l'humanité, avec connaissance de cause, car cela était dans la nature de la divinité et dans ses desseins séculaires; mais nul homme ne l'a fait, parce qu'il n'est qu'homme. Le peuple polonais est peut-être le seul qui fait exception ici, puisque la gloire incomparable lui a été réservée de verser son sang non-seulement pour lui-même et pour la patrie, non-seulement pour l'humanité ou pour des alliés, mais encore pour ses ennemis, ses persécuteurs et ses bourreaux, et vraiment contre soi-même. C'est un martyre de toute une nation sur le symbole sacré de la croix. Peuple infortuné, victime des méchants, ton sang ne sera néanmoins pas perdu, il n'aura pas été versé en vain, car tu rachètes ainsi une nouvelle vie pour ta patrie qui se trouvait toujours et qui se trouve encore ton idole!

L'hiver a donc condamné les combattants à l'inactivité et au repos, a arrêté la guerre et ses horreurs, a calmé ainsi les ardeurs belliqueuses, mais ce qu'il n'a guère assoupi, c'est l'activité de tout ce monde qui verse aujourd'hui des flots d'encre sur des protocoles diplomatiques. La guerre de plume prend son tour, comme nous l'annoncent les journaux de l'Europe entière, et les mots magiques de conférences et de paix, ont retenti de toutes parts et se sont emparés de l'attention universelle.

« Paix aux hommes de bonne volonté et pratiquant la justice. » — Voilà certes une chose évangélique !

Mais cette paix, comment doit-elle être faite pour être solide et sûre ? Voilà ce qui nous reste à examiner, pour distinguer surtout une paix véritable de son fantôme, et de comparer la paix, ce but unique des efforts humains avec les frais qu'elle aura coûtés.

Avant de procéder cependant à cette enquête, il nous faudra considérer et scruter encore avec équité les véritables causes de la guerre sanglante, dont nous n'avons peut-être vu que les commencements, afin de reconnaître quels sont les adversaires patents et secrets qui s'y sont déjà alignés, et quels sont ceux qu'on pourra voir plus tard apparaître aussi sur le terrain.

L'Europe civilisée est séparée aujourd'hui en deux camps bien distincts. Quel que soit le masque que mettent leurs champions et leurs alliés, il n'est guère difficile de discerner et leurs figures et l'esprit qui les anime. Des idées diamétralement opposées président à la lutte dans les deux camps.

L'une de ces idées conduit l'humanité, par des voies lentes mais régulières et raisonnables, vers le progrès moral et la civilisation chrétienne, la seule civilisation réelle sur laquelle, par les décrets de la Providence, puisse et doive s'appuyer l'édifice futur de la félicité sociale; l'autre, arrête violemment la marche de l'humanité dans cette direction, la charge de chaînes pesantes, l'enferme dans les ténèbres intellectuelles, empêche tout accès de lumière, comprime l'idée qui s'élève vers des sphères plus hautes, prépare à la société, en un mot, le sort d'un troupeau qu'elle désire avoir à son service, afin d'exécuter des envahissements toujours nouveaux, afin de répandre, de plus en plus, un silence sépulcral et une obéissance aveugle : cette idée là prétend que c'est là le chemin de l'ordre légitime; oui, entendons-nous, mais sous la direction de Satan.

La première des idées dont nous venons de parler, l'idée divine ou chrétienne, est représentée aujourd'hui bien nettement par l'Occident, c'est-à-dire par la France et l'Angleterre, auxquelles s'est allié le Piémont, et ne sauraient ne pas se joindre par la seule nature des choses l'Espagne, le Portugal, la Suisse et la Suède; la Hollande ne manquerait pas aussi d'aller avec, si des liens de sang et l'espoir de recouvrer dans des nouvelles combinaisons politiques ses anciennes possessions belges ne la faisaient incliner vers le camp opposé.

L'autre idée est représentée, et cela se conçoit aisément, par cette *ancienne trinité infernale*, connue sous le nom historique *de la sainte alliance*, ou en d'autres termes : par la Russie, l'Autriche et la Prusse, suivies, avec une obséquiosité de vassaux, par cette tourbe de princes et de princillons d'Allemagne, qui forment l'ancien élément féodal du pays, et constituent un corps politique trop faible pour pouvoir se soutenir seul. Le Danemarck est obligé de pencher de ce côté sous un certain rapport, ami ambigu et douteux, que l'idée de son indépendance porterait, sans doute, vers la Scandinavie, si les craintes au sujet du Schleswig-Holstein, ne lui imposaient un rôle plus timide. Nous glissons ici, pour le moment, sur Naples, en nous réservant d'en faire plus tard mention, lorsqu'il s'agira de l'Italie.

La coalition des despotes conserve encore, comme on le voit, malgré toutes les pertes subies, des proportions considérables. Le monde s'abuserait d'une manière étrange, s'il prenait au sérieux le mouvement récent de l'un d'eux dans la direction contraire; car ce n'était là qu'une apparence et qui n'est pas même de nature à durer longtemps. L'alliance, dont le point de jonction naturel se trouvait, il y a quelques dizaines d'années, sur les champs de bataille de la Vistule, n'a jamais cessé d'exister au fond. Tout regard un peu profond la découvrira bien aisément sous les cendres Mais parlons d'abord de la question orientale.

Quoi que ce soit l'invasion de la Turquie par les Russes qui ait provoqué l'état de choses actuel en Orient, nous ne dirons pas qu'une guerre sanglante et opiniâtre puisse durer désormais dans le seul but de maintenir l'intégrité de la Turquie qui s'était trouvée ébranlée. Son danger unique n'aurait pas armé l'Europe, comme de nouveau l'assurance donnée à sa conservation ne désarmera pas les combattants.

La Russie, ayant étendu sa domination depuis la mer Blanche et Glaciale jusqu'à l'Euxin, appuyée sur son Océan transasiatique, en possession de la Pologne, de la moitié de la Suède et des provinces voisines de la Turquie et de la Perse, visant, la Porte une fois humiliée, au protectorat de ses sujets chrétiens, et même l'ayant déjà obtenu par des traités spéciaux sur quelques-unes de ces populations, nommément de nationalité grecque, semblait n'avoir plus qu'un seul pas à faire avec succès pour s'emparer *de facto* de l'empire du Sultan et mettre fin à son règne. Quels étaient à cet égard et ses efforts et ses projets, le monde l'a appris par la correspondance Seymour, et l'a vu confirmé par l'ambassade Menchikoff.

« *Agneau, tu me troubles mon eau.* » Voilà le thème qu'avait à développer à Constantinople cette mission sauvage. Les faits ont suivi de près les paroles, témoin l'invasion des Principautés et l'attentat de Sinope. Ici la patience de l'Europe dut s'épuiser. Le masque était tombé, le gant jeté; le relever, c'était, il est vrai, la guerre sanglante, opiniâtre, mortelle; mais ne pas le relever, c'était l'esclavage, la sujétion, la honte aux yeux du monde entier et des siècles à venir. La Turquie, sans appui, devenait la proie d'un conquérant insatiable que les sujets de la Porte non musulmans, la Grèce et les Monténégrins aveuglés auraient salué comme libérateur. Ce médiateur désiré, apportant des soi-disantes franchises à *ses coréligionnaires orthodoxes, comme il les nommait,* aurait étendu alors les limites d'un empire déjà colossal jusqu'aux rivages de l'Attique, aurait occupé le Bosphore et les Dardanelles, et planté sur les murs de Byzance ce drapeau à l'aigle à deux têtes, prétendu héritage des Paléologues, comme symbole de domination sur l'Europe consternée et obéissante. Le moment était donc venu ou de plier sous la volonté de l'autocrate, ou de lui déclarer la guerre pour la défense de la sécurité publique et des droits les plus sacrés. C'est alors que l'orgueil de feu l'empereur Nicolas fut forcé, pour la première fois de sa vie, de reculer à l'aspect de forces redoutables dont il n'avait pas prévu l'apparition; apparition dont la nécessité ne se trouva, hélas! reconnue que par l'Occident de l'Europe, car ce n'est que la France et l'Angleterre qui, contraintes par la nécessité, ont pris, dans cette occasion, les armes.

Que personne ne nous soutienne aujourd'hui que le Tsar, en exécutant une invasion aussi franche et criante contre la Turquie, et plus encore contre l'Europe, ait agi d'une manière brusque, téméraire et irréfléchie. Il s'était décidé, au contraire, avec maturité et après avoir tout pesé et calculé.

L'invasion de la Turquie ne fut arrêtée qu'après la campagne de Hongrie, une fois que ce pays se trouva pacifié et évacué par les armées russes. Cela nous est prouvé le mieux par le désintéressement inusité et même inouï de la part de la Russie dans la question des frais de son intervention en faveur de l'Autriche, intervention qui sauva cette dernière, et qui ne lui coûta presque rien ; mais lui imposait nécessairement une dette de gratitude à l'égard du généreux sauveur, à acquitter par des services mutuels. Or, tout le secret du désintéressement russe reposait dans cette attente ; car un autre objet excitant bien davantage la convoitise de la Russie, et de nature à la récompenser autrement et à l'enrichir, objet facile à atteindre, c'était la Turquie. Les relations de la Russie et de l'Autriche avaient gravité déjà autrefois autour de ce point ; l'heure était venue de procéder à la réalisation des anciens projets. La Russie se décida à attaquer l'empire ottoman, vermoulu à l'intérieur, avec des forces prépondérantes, et pendant qu'elle écrasait partout ailleurs le drapeau insurrectionnel, de permettre aux populations chrétiennes, sujettes de la Porte, de s'insurger contre le croissant. L'Autriche, assurée de sa part future du butin, devait se mettre sous les armes afin de résister à la France, si celle-ci avait le courage de blâmer ou de s'opposer à ce brigandage. Dans une question de cette portée, on ne pouvait d'ailleurs ne pas chercher à étendre ses alliances; on assigna donc aussi et tout naturellement à la Prusse et le même rôle et les mêmes devoirs, et cajolant son avidité traditionnelle par l'appât de certaines acquisitions du côté de ses frontières polonaises, et d'autres avantages beaucoup plus positifs encore à l'intérieur de l'Allemagne, dont la réunion en un corps homogène, ne pouvait que flatter ses désirs et ses vues tendant à la suprématie germanique. Les prétentions du cabinet de Berlin, sous ce rapport, ne l'ont-elles pas même imprudemment induit à la levée, de boucliers contre l'Autriche dans l'affaire de Hesse, levée, où sur un geste de l'empereur Nicolas elle fut obligée d'abandonner aussitôt son attitude héroïque, et plier malgré toute sa landwehr et son land-sturm, en subissant une perte sèche d'une vingtaine de millions de thalers! Quelle triste page que celle-là dans les annales prussiennes! Car c'était bien là « *Parturiunt montes, nascitur ridiculus mus!* »

Nous voyons donc la sainte alliance, avide de butin, se concerter dans cette occasion pour dépouiller le faible, comme elle l'avait fait jadis pour le meurtre de la Pologne. La Russie prit le rôle patent et actif, tandis qu'une action souterraine pour le moment fut dévolue à l'Autriche et à la Prusse, associées dans la même cause et poussées par le besoin de garder leurs anciennes acquisitions, et l'espoir d'en acquérir de nouvelles.

Garantie par son boulevard allemand du côté de la France, au cas, selon lui peu probable, de son intervention active, l'empereur Nicolas n'en avait nul souci, croyant d'ailleurs que le souverain actuel de ce pays, préoccupé davantage de ses intérêts dynastiques et du maintien de la tranquillité à l'intérieur, troublée par les intrigues des royalistes et des socialistes, ne pourrait lui créer d'obstacles ni sur terre, gardée qu'elle était par les Allemands, ni sur mer, dont l'empire semblait n'appartenir exclusivement qu'à une seule puissance très jalouse. L'Angleterre n'éveillait non plus ses craintes. S'y ménageant des partisans depuis longtemps, et y voyant surtout au pouvoir un des ministres le mieux intentionnés pour la Russie (lord Aberdeen), le Tsar a pu commencer à agir hardiment et sur une vaste échelle, abandonnant le reste au sort et à cette habileté qui a rendu toujours la diplomatie russe si célèbre. Combien il s'est trouvé déçu dans ses calculs, les événements récents nous l'ont appris, il est vrai, et ces événements, marqués d'un cachet général d'insuccès, ont même hâté sa mort sans que le changement survenu dans les acteurs en ait produit jusqu'ici aucun dans les choses.

Le successeur de Nicolas, en ayant hérité de ses revers, de ses soucis, et de la nécessité de fer de continuer la guerre, s'est trouvé sans doute dans une position plus dure que son prédécesseur, mais n'a pas abandonné son système pour cela. Il tient tête avec courage aux orages amoncelés, sûr qu'il est de l'appui et de la foi de ses alliés Allemands. Et qui pourrait, en effet, l'en blâmer? L'Autriche et la Prusse, tellement habiles à jouer deux rôles en même temps, ne lui ont-elles pas rendu et ne lui rendent-elles pas encore des services patents et notoires? N'avons-nous pas vu l'Autriche, puissamment armée et prête à la guerre, occuper les Principautés danubiennes, au fur et à mesure que les Russes s'en retiraient, fortifier ses deux capitales polonaises, et se poster sur la lisière même du royaume de

Pologne russe, puis jouer à la médiation, dans l'intérêt soi-disant de toutes les deux parties, et, mais au fond plutôt, au désavantage des intérêts de l'Occident, et malgré toutes les cajoleries à l'égard de ce dernier, ne la voyons-nous pas aujourd'hui désarmer, licencier ses soldats et discontinuer ses fortifications, ayant toujours un sourire pour chacun, et se préparant à présenter de nouveaux projets de pacification aux deux partis belligérants.

Quant à la Prusse, qui est-ce qui ne l'a pas vue, avec son mot de neutralité sur les lèvres, proposer bien timidement au nouveau Tsar de s'arranger, et lui fournir en même temps et en cachette des armes, de la poudre, du salpêtre, du fer, du plomb et de l'argent?

Faut-il encore d'autres preuves, des preuves plus puissantes pour éclairer le monde sur la duplicité de l'Allemagne? Mais quelle en est la raison? Soyons francs et disons une fois la vérité tout entière. L'Allemagne se trouve liée à la Russie par sa complicité dans les partages de la Pologne, par la communauté de projets de rapine et de vues pour l'avenir. Aussi longtemps donc que subsistera le nœud de la trinité infernale, tressé sur le tombeau de la Pologne, aussi longtemps l'Europe alliée n'aura rien à attendre, sinon des contrariétés et la trahison.

Avec ce tableau dans toute sa fidélité sous les yeux, il ne nous sera pas certes difficile de reconnaître et d'indiquer les conditions qu'il faudrait obtenir pour garantir désormais l'Europe contre des plans d'envahissements pareils pour assurer son progrès et le développement de sa civilisation chrétienne, vers lesquels l'humanité entière, conduite par le doigt de Dieu, cherche à se diriger sans cesse, et dont un complot satanique continue à lui entraver le chemin. Qui est-ce qui troublait jusqu'ici son repos; qui est-ce qui mutilait et écartelait les nationalités en leur enlevant tous leurs biens séculaires; qui est-ce qui maintient constamment sur pied ces légions armées et abruties, afin de ne jamais renoncer à ses principes connus cependant du monde? Qui est-ce qui ne saurait souffrir l'ombre même de la liberté? Qui est-ce qui conspire avec tant d'obstination contre ses moindres débris se conservant encore par ci, par là? qui est-ce qui comprime la pensée humaine, et se constitue en ennemi de toute lumière; qui est-ce qui suspecte chaque idée plus élevée et dignifiant l'homme? qui donc a plus persécuté cet amour de la patrie et cet héroïque dévoûment pour elles, vertus auxquelles le paganisme déjà avait dressé des autels, et qui furent sanctifiées par la doctrine du Christ; qui est-ce qui a plus encouragé la débauche et la démoralisation dans les masses pour les réduire à la condition de brutes bien muettes et obéissantes? Le lecteur m'arrêtera, sans doute, ici pour s'écrier : mais c'est Satan; sur quoi je lui demanderai humblement pardon pour lui dire : non, ce n'est pas de Satan que je parlais, mais bien de la Russie et de son système, aussi bien que de ses complices, l'Autriche et la Prusse, en d'autres termes *de la sainte alliance!*

Voilà l'épouvantail européen, voilà le monstre ailé, aux cinq becs toujours insatiables, et aux six serres prêtes à tout saisir et à déchirer. Qu'est-ce que c'est, en effet, que cette sainte alliance, examinons ses éléments constitutifs, ses tendances et sa politique! En procédant à cet examen, nous commencerons par la Russie.

On connaît généralement sa position géographique aussi bien que son immense étendue. Sa population, dépassant soixante millions, se compose de Russes proprement dits, c'est-à-dire de Slaves, de Tartares d'Europe et d'Asie, de Cosaques, de Finnois, de Courlandais ou Allemands et de Polonais ou habitants de l'ancienne Pologne, qui se subdivisent de nouveau en Polonais, Ruthéniens et Lithuaniens. Les vrais Russes ce sont les habitants de l'ancien grand duché ou Tsarat de Moscovie, et tout le reste n'est que de la population conquise par ses souverains dont le premier que nous citent les annales, fut Rurik, d'origine waryague ou normande; ses successeurs ont régné jusqu'à l'invasion des Mongols ou Tartares, qui tinrent la Russie sous leur joug pendant deux siècles. Ayant une fois récouvré son indépendance, et à l'extinction de la dynastie de Rurik, la Russie fut gouvernée deux cents ans par des princes nationaux issus de Michel Romanow, l'élu de la nation, et c'est l'unique époque de l'histoire russe, où l'on voit un cachet quelque peu national; puis avec l'avénement de Pierre III, c'est la famille allemande des Holstein Gottorp, qui monte sur le trône de Moscou, et ses descendants y règnent encore. Nous voyons ainsi que la Russie, comme si elle avait été condamnée par le sort à subir un joug continuel, se trouvait, à l'exception de l'époque des Romanow, tantôt sous la domination de maîtres venus d'outre-mer, tantôt sous celle des Tartares, et se trouve à l'heure qu'il est sous le régime des Allemands Gottorp.

Cette esclave séculaire, maintenue avec soin par les Tsars dans l'ignorance et l'obscurantisme, a dû voir se développer dans son sein tout cet esprit de servilité aveugle qui distingue tellement ses annales, et qui n'a pu que s'accroître encore sous l'influence du culte schismatique, dans lequel le Tsar a usurpé la qualité de chef spirituel ou de représentant de Dieu sur la terre. Ayant enchaîné ainsi et les corps et les âmes de leurs sujets, les Tsars ont en eux aujourd'hui des instruments parfaitement dociles et fidèles, des hordes prêtes à tout brigandage, ne raisonnant jamais, douées d'une certaine énergie particulière à leur race, opprimées et opprimant, meurtries et meurtrissant, volées et volant, malheureuses et portant le malheur. Voilà les bienfaits que la Russie a dû déjà et doit encore à ses autocrates de sang allemand.

En laissant à nos lecteurs le soin de méditer cette esquisse, notre pensée se reporte bien volontiers à l'époque, où la Russie, dans ses limites naturelles, derrière la Dwina et le Dnieper, n'ayant pas fait encore ses immenses acquisitions sur la Pologne et la Suède, la Turquie et la Perse, ne présentait pas au monde ce colosse menaçant, par ses forces et son système, dont l'Europe et surtout l'occident cherche aujourd'hui à repousser le poids ; mais dirigeons maintenant nos regards sur sa sœur et complice l'Autriche.

La monarchie autrichienne, état hétérogène, connu sous ce nom depuis la chute de l'empire germanique, ayant tenu autrefois la primauté en Allemagne, contient dans sa position actuelle environ 38 millions d'habitants, parmi lesquels un septième à peine est d'origine allemande, le reste se compose d'éléments slaves, italiens et magyares. Cet assemblage, cette masse, sont gouvernés par un souverain auquel il ne manque que de s'appeler Empereur de toutes les Autriches, c'est-à-dire de l'Autriche vraie et de celle qui ne l'est pas, pour que la ressemblance devienne parfaite avec son frère de Russie, dont le titre fait présupposer aussi ce qui n'est pas. L'antique maison de Habsbourg maintient sa domination sur les 33 millions de ses sujets d'origine étrangère, au moyen de 5 millions de sujets allemands ; et ayant acquis les couronnes de Hongrie et de Bohême, aussi bien que la plupart de ses autres possessions par des mariages et des transactions diverses, elle n'a jamais manqué désormais une occasion pour affaiblir tout voisin qu'elle aurait pu redouter un jour. De là ces luttes séculaires avec la France ; de là ses intrigues en Pologne et en Lithuanie, pour parvenir à y saisir le sceptre ; de là l'envahissement de la Transylvanie et des réoccupations de territoire sur la Porte-Ottomane dès que celle-ci a baissé de forces.

En renvoyant nos lecteurs à l'histoire pour tous les détails à ce sujet, nous nous contenterons de faire ici une seule remarque importante, savoir que la maison de Habsbourg, qui avait toujours agi exclusivement pour elle seule et par elle seule jusqu'à l'époque des partages de la Pologne, a changé de politique depuis, non pas quant à ses tendances égoïstes, mais quant à la circonstance de s'être mise désormais en communauté de projets et de buts avec d'autres puissances.

La Prusse, cette troisième personne de la Trinité satanique, nous représente une monarchie qui a à peine un siècle et demi d'existence politique. Comme margraviat et principauté vassale de la Pologne, elle remonte cependant beaucoup plus haut, et l'on peut même affirmer que toute la politique de la maison de Brandebourg n'a découlé que de celle de l'Ordre teutonique, qui a cherché plusieurs centaines d'années auparavant à fonder déjà un empire sur les ruines d'un état voisin. La Prusse a bien le même esprit d'astuce et de rapine, la même avidité insatiable.

La dynastie des électeurs de Brandebourg a légué à ses successeurs les rois de Prusse et son sceptre et sa mauvaise foi; aussi ces derniers, fidèles au système de profiter de chaque malheur survenu à son ancienne suzeraine, la Pologne, n'ont-ils pas cessé de surveiller depuis et jusqu'au dernier moment les moindres symptômes vitaux de sa nationalité traîtreusement subjuguée. Des liaisons de famille leur ont facilité ce soin, et comme leur monarchie improvisée manquait surtout de cohésion, il fut donné au règne de Frédéric II d'y ajouter les dépouilles nécessaires. L'Autriche, la Saxe, la Suède et la Pologne se rappelleront longtemps les hauts faits du héros de la guerre de sept ans; la Pologne avant tout, puisqu'il a le premier proposé son partage. Jusqu'à l'époque dont il s'agit, on a vu la maison de Brandebourg et la Prusse travailler, sans doute, avec ardeur et astuce à accroître les forces de leur corps politique encore faible; plus tard nous les verrons agir aussi dans le même but, mais dans le cercle d'une coalition, à laquelle l'attentat contre la Pologne conçu et réalisé avait donné le jour.

C'est bien ici le cas de parler aussi de ce dernier pays jadis si florissant, aujourd'hui partagé, et de faire quelques remarques sommaires sur le meurtre commis à son égard, sur ses causes et ses conséquences.

La Pologne constitue une part notable de cet immense territoire slave qui s'étend du Volga à l'Elbe, embrasse tout le pays entre la mer Baltique, la mer Glaciale et le Danube, et s'étend jusqu'au mont Hémus et aux rivages de l'Adriatique. Sœur ainée parmi les peuples de sa race, brillant à leur tête par sa civilisation chrétienne, son esprit chevaleresque et ses institutions libérales, elle était leur gardien naturel contre l'Occident, partout où l'ambition et les armes des Empereurs germaniques les menaçaient. Dans les premiers siècles de

2

l'histoire de la Pologne, l'épée des Boleslas ayant su efficacement protéger les frontières occidentales de la Slavie, le mauvais vouloir des Allemands dut s'arrêter pour quelque temps ; mais une fois les grands guerriers manquant, et de nouveaux dangers ayant détourné les armes polonaises du côté de l'Est, l'avidité germanique, dans sa persistance, parvint à lui arracher les possessions d'entre l'Elbe et l'Oder, tandis que des fautes d'organisation sociale ne purent que faciliter à l'ennemi ses progrès. Cet état de choses a duré jusqu'à l'époque de l'union de la Lithuanie et des provinces prussiennes à la Pologne, contre les forces de laquelle union, l'Allemagne dut avouer son impuissance, ayant usé en vain les dents de son hydre, l'Ordre teutonique, vraie propagande armée, qui finit par s'éteindre sans que l'ennemi juré des Slaves eût renoncé à ourdir ses conspirations sur différents terrains, et le résultat en fut l'asservissement définitif d'une partie de la Slavie de ce côté. Voyons maintenant quelles ont été ses chances dans l'Est.

De ce côté, on ne pouvait ni entourer la Slavie adossée qu'elle était aux glaces éternelles, ni même la morceler ; il suffisait donc de la prédisposer hostilement envers une partie de ses frères, et de l'employer, une fois l'occasion venue, à amener leur ruine. Oui, c'est la Russie, dont la partie éminemment slave ne devrait avoir absolument rien de commun avec les Allemands, qui a semblé jouer, dans sa longue existence, un rôle dans cette conspiration, et contre qui? nous le demandons ! contre l'idée d'un peuple, en face des institutions duquel, institutions dignes de l'homme libre, ces glaces fondaient, auraient fondu comme devant le soleil. Elle ne pouvait, à ce qu'il paraît, mieux juger de l'avenir que les Allemands, puisqu'elle a permis aux Allemands de s'emparer de son sceptre.

Il serait superflu de nous étendre ici sur la situation des Slaves méridionaux. Leur dénationalisation se trouvait déjà achevée au moment où le sort des Slaves d'Occident s'agitait encore. Nos anciens frères de la Bohême, de la Silésie, de la Moravie, dépouillés de leurs monuments et de leurs institutions nationales, dépourvus de toute importance politique, voyaient leurs pays descendre au rang de simples provinces germaniques, leurs fils servir dans les rangs allemands, une langue étrangère s'imposer au lieu de la leur. Les Slaves de la Hongrie ne se trouvaient pas mieux traités.

Telle était la situation de la Slavie la veille du premier attentat dirigé contre la Pologne, cette Pologne, qui seule entre ses sœurs jouissait encore et de son indépendance et des libertés garanties par des institutions républicaines. Entourée d'ennemis redoutables, dont la puissance s'était accrue par les Slaves soumis désormais au joug allemand, déchirée à l'intérieur par des dissensions qu'alimentaient sans cesse ces mêmes voisins, faible par suite d'institutions qui s'étaient survécues, éprouvant le besoin de les changer, mais sentant tout le danger de l'ébranlement que cela nécessiterait, elle ne put déployer un ensemble de forces qui eût suffi pour en imposer à ses assaillants ; elle voyait donc et son propre tombeau et le tombeau de la dernière branche libre de la Slavie, ouverts à ses pieds. Affriandés par des conquêtes faciles, riches d'un immense héritage, commandant à des populations braves et laborieuses, et fondant leur grandeur sur leur obéissance aveugle, les dominateurs allemands ne considérèrent désormais leurs sujets slaves que comme un vil bétail dont on pouvait disposer à volonté au profit de son ambition et de ses passions. Les Slaves, selon leurs opinions politiques, c'est une classe méprisée, ce sont des parias, des êtres placés hors la loi, des esclaves condamnés à cultiver le terrain qu'on leur à volé; ce ne sont pas des enfants d'un même Dieu et créateur, ni des frères en Jésus-Christ; non, c'est tout simplement un troupeau à exploiter. Il ne leur est pas même permis de penser qu'ils sont des hommes, qu'ils ont une nationalité qui leur est propre, un droit au libre arbitre comme les autres, l'usage d'une langue qu'ils tiennent de Dieu; leur destination, c'est de servir les Allemands, corps et biens, et voilà!

Affriandés, comme je disais, par leurs conquêtes, les nouveaux dominateurs de la Slavie subjuguée ne voyaient plus parmi eux qu'un seul rameau de la race slave libre, et quoique faible, promettant de s'épanouir en un arbre majestueux; aussi le regardaient-ils non-seulement avec un œil de convoitise, mais même avec un sentiment de crainte pour l'avenir. La Pologne libre et indépendante leur devenait dangereuse et redoutable, parce que, liée par des sympathies naturelles avec les populations slaves qu'ils opprimaient, elle aurait pu, selon eux, éveiller, un jour, dans leur âme, des idées d'émancipation et rencontrer un secours fraternel.

C'en était assez pour signer vite son arrêt de mort. Les Gottorp et les Habsbourg, cependant, malgré leur avidité traditionnelle, ne se pressaient pas autant dans cette circontance, que l'héritier du moine prince teutonique, parvenu tout récemment à la royauté. L'initiative de la destruction de la Pologne appartient, sans conteste, à ce Frédéric que l'Allemagne a glorifié du titre de Grand, et qui, impatient de grossir son petit empire, après les brigandages commis envers ses pro-

pres compatriotes, saisit la première occasion pour relier le berceau de sa maison, le margraviat de Brandebourg, avec cette partie de la Prusse appelée ducale,
que ses devanciers tenaient en fief de la Pologne.
Ses complices de Russie et d'Autriche consentirent à
tout. L'acte du premier partage fut consommé, et la
diplomatie ne manqua pas de le sanctifier dans ses protocoles. L'Europe, c'est-à-dire la France et l'Angleterre,
gardèrent le silence, et le principicule Brandebourgeois
se prélassa désormais sur ses terres polonaises, comme
le troisième bourreau de la Slavie, et en léguant à ses
successeurs l'exécution d'un plan devant lequel auraient
peut-être reculé des assassins féroces.

A partir de cette époque, une alliance intime n'a plus
jamais cessé d'exister entre les trois dynasties alle-
mandes, les meurtrières de la Pologne, et elle a eu
constamment pour but :

1° La destruction de la liberté slave à tout jamais.

2° La dénationalisation radicale des Slaves en Autriche et en Prusse, leur dégradation et leur avilisse-
ment en Russie.

3° Un système d'obscurantisme appliqué à toutes les
races slaves.

4° La guerre à outrance contre tout peuple qui sen-
tirait ses droits et sa dignité, et dont les lumières mena-
ceraient le règne des ténèbres chez les trois alliés.

5° Une propagande de servilité et d'ignorance.

6° Une mutualité et solidarité de secours en cas de
besoin.

7° Le partage en commun du butin.

8° Le maintien de leur dictature en Europe.

Les auteurs d'une alliance conclue sur de pareilles
bases n'ont pas rougi de la qualifier de *sainte ;* pour

nous, nous ne l'appellerons désormais que le *Triumvirat germanico-payen*, et comme nous le verrons toujours mu par une seule volonté, une seule idée et une seule tendance, ce n'est qu'en suivant pas à pas et en jugeant avec impartialité ses actes que nous parviendrons le mieux à découvrir les causes et les buts de la présente guerre, aussi bien que les conditions de la pacification future tant désirée.

Dans l'acte même du premier partage de la Pologne, quoique portant tous les traits d'un attentat consommé avec violence, on ne peut méconnaître encore certaines traces de timidité de la part des assassins. Le trône des Habsbourg était alors occupé par une femme, Marie-Thérèse, ce dernier rejeton de sa famille, et qui, peut-être, au seul souvenir de son titre de Majesté apostolique, hésita avant de prêter la main au meurtre de sa sœur catholique et bonne voisine, la Pologne, à laquelle l'attachaient et de si nombreux liens de sang et la mémoire encore récente du service qu'elle avait rendu à son aïeul sous les murs de Vienne; on finit toutefois par vaincre ses résistances et par obtenir son consentement, en laissant seulement l'initiative aux plus hardis et en donnant une partie de la proie à l'Autriche à titre de récompense.

Des événements nouveaux se préparaient cependant en Europe. La révolution française et ses sanglantes catastrophes, après avoir ébranlé toute l'ancienne société sur ses bases, avaient placé la France sur les bords d'un abîme, et bientôt elle dut songer à se défendre; car le triumvirat germanico-payen menaçait de lui imposer ses volontés.

L'Angleterre, à peine sortie de la guerre d'Amérique, et préoccupée de ce qui se passait dans le pays qui lui fait face de l'autre côté du canal, n'était guère en mesure de s'opposer aux desseins du triumvirat; ce dernier, par conséquent, profitant de cet état de choses, résolut d'en finir d'abord avec la Pologne, afin d'avoir les mains d'autant plus libres à l'égard de la France. Personne n'ignore comment les choses se sont passées; personne n'ignore la tricherie et la trahison de la Prusse dans cette occurrence. On a tué la victime polonaise en deux temps, sans crainte déjà, et nous n'oserions dire pourtant sans honte. La Pologne une fois tombée, ses forces ont accru les forces du triumvirat, aussi bien que son insolence. Il s'avança vers la France, en agitant le glaive teint encore du sang polonais, mais la France, dans toute la plénitude de sa vie, repoussa l'agresseur et porta la guerre jusque dans ses foyers.

Les défaites que subirent l'Autriche et la Prusse dans les Pays-Bas, en Champagne et sur le Rhin, ne furent que les précurseurs d'événements plus graves. Un astre de premier ordre commença à surgir sur l'horizon, et le nom de celui qui était destiné à tracer un nouvel ordre social dans les capitales mêmes des ennemis de la France, fut Bonaparte! Sa gloire conquise dans les plaines de la Lombardie, sur des forces triples des siennes, amena l'Autriche à subir de rudes conditions. Nous ne prétendons pas raconter ici cette page de l'histoire, mais il rentrerait davantage dans notre sujet de faire réapparaître ici encore à cette occasion la Pologne, dont les braves légions ont combattu à cette époque, sous un drapeau étranger, il est vrai, mais toujours dans la seule pensée de servir à la délivrance de leur patrie. C'est en Italie que se produisit pour la première fois leur chant patriotique si connu qui commence par les mots : *Non, non, la Pologne n'est pas encore perdue !* et qui devait désormais les mener joyeusement au combat ou ranimer leurs espérances dans les moments de repos. Les ennemis jurés de la Pologne entendirent ce chant, et y trouvèrent de nouveaux motifs pour tout sacrifier plutôt que d'abandonner leur proie. Il fallut cependant que l'Autriche renonçât aux Pays-Bas et à la Lombardie, mais le triumvirat n'en continua pas moins à subsister et à se préparer à de nouvelles luttes. L'expédition d'Égypte lui permit de tenter quelques efforts plus heureux, et ce n'est qu'alors qu'on vit pour la première fois des armées russes jusque sur les bords du Pô. Souvarof, de sanglante mémoire, les conduisait; et l'on se demande que venaient faire là ces hordes barbares, qu'annonçaient-elles à l'Europe? N'y poursuivaient-elles pas encore l'ombre de la Pologne? Ne menaçaient-elles pas les autres peuples du sort qu'elles lui ont infligé? Le troisième membre du triumvirat, la Prusse, manquait seule dans cette guerre. Mais le héros français quitte l'Égypte, porte un coup mortel aux Autrichiens à Marengo; le triumvirat sollicite donc la paix, et l'obtient par de nouveaux sacrifices. Mais Bonaparte monte sur le trône impérial : c'est alors que nous voyons les triumvirs méditer de nouvelles vengeances; et si la Prusse garde son masque accoutumé de neutralité, l'Autriche et la Russie font marcher leurs forces immenses et disciplinées. La Prusse neutre leur ouvre le passage. Une série de victoires de Napoléon est couronnée par la prise de Vienne et la bataille d'Austerlitz. Les deux triumvirs capitulent encore, et voilà maintenant à la Prusse à subir son tour des revers : Auerstadt et Iena illustrent à jamais les armes françaises, et la monarchie prussienne est au moment de rentrer dans ce néant dont elle n'aurait jamais dû sortir. Les forces russes soutiennent seules

encore tout le poids de la guerre, mais el'es sont battues
à Friedland, et la paix de Tilsitt vient clore, enfin, cette
fameuse époque de luttes colossales. Une de ses conséquences fut la réconstitution d'une partie de la Pologne,
sous la dénomination de Duché de Varsovie; et il est
bon de remarquer, qu'il importait beaucoup à l'empereur Alexandre que ce noyau d'une Pologne ne portât
pas son véritable nom.

L'Espagne attirant les armées françaises vers un
autre théâtre de combats, le triumvirat crut l'occasion
bonne pour recommencer la guerre en Allemagne et en
Italie. Les bords de la Vistule ne pouvaient pas être
oubliés par eux. Aussi, une des armées autrichiennes se
présenta bientôt devant les murs de Varsovie, où l'on
voyait toujours le centre d'une future renaissance de la
Pologne. La destruction de ce foyer de danger fut confié
à un des arrière-neveux de ce Léopold dont les Polonais
et Sobieski avaient jadis sauvé la capitale et l'empire.
Mais les calculs du triumvirat se trouvèrent déçus encore
cette fois. La victoire n'abandonna pas les aigles françaises; Vienne capitula, et le sabre des Polonais s'illu-
stra aussi de son côté. Leur armée naissante parvint
à résister à des adversaires cinq fois plus nombreux à
la bataille de Raszyn, et à l'issue de la campagne, l'aigle
blanc remonta au château des Jagellons à Cracovie.
Bientôt le traité ou plutôt la trève de Presbourg amena
des nouveaux sacrifices de la part de l'Autriche, qui
perdit alors le reste de ses possessions italiennes et une
bonne partie de la Gallicie polonaise, dont l'adjonction
doubla les forces du duché de Varsovie ou de la Pologne
renaissante; et le mariage de Napoléon avec une archi-
duchesse parut terminer les mésintelligences tradition-
nelles des deux empires. Il n'en fut rien cependant, car

Napoléon se convainquit peu après combien il s'était fait illusion en croyant consolider, de cette manière, sa dynastie nouvelle. Dans sa guerre avec la Russie, il avait compté sur l'Autriche comme sur un allié fidèle et désireux de refouler le Moscovite dans l'enceinte de ses anciennes frontières. Erreur et déception profondes! C'est la Pologne contemporaine, sur le territoire de laquelle se jouait alors cette comédie, qui pourrait raconter le mieux toutes ces marches et contre-marches de Schwartzenberg, qui n'empêchaient nullement Tschitschakof d'être au moment de couper absolument toute retraite aux Français.

Chacun sait la catastrophe qui a terminé la campagne de 1812; campagne que les Tsars appellent une victoire remportée sur l'armée française. Ils en reparlent encore aujourd'hui dans leurs manifestes comme d'un épouvantail pour les successeurs de Napoléon. L'incendie de Moscou en fut le signal. Un hiver excessivement rigoureux, voilà quel fut le vrai destructeur de la grande armée. A la nouvelle de cette destruction, c'était à qui trahirait le premier celui qu'avait trahi la fortune. La défection de York se trouve suivie bientôt par la trahison complète de la Prusse. A la campagne de 1813, transportée en Allemagne, nous voyons l'Autriche faire volte face également; et la journée de Leipsick nous montre le triumvirat tout entier triomphant et plus uni que jamais. L'année 1814 l'amène victorieux à Paris; les Bourbons acceptent de lui leur couronne, tandis que le héros du siècle, comme un second Prométhée, va finir ses jours enchaîné sur un rocher. Le chef de la maison de Habsbourg sacrifie froidement son propre gendre aux vues du triumvirat; il lui sacrifie les grandes destinées de sa fille et de son petit-fils, et ce n'est qu'après tout cela que les triumvirs respirent à leur aise et se réunissent dans la capitale de l'Autriche, afin de dicter au monde la voie qu'il doit suivre, et plier l'Europe devant leurs volontés.

C'est avec une douleur bien vraie que nous voyons la vieille et libre Angleterre siéger aussi dans le congrès dont il s'agit, de même que cette France qui, après tant de sacrifices, d'actes de dévoûment et de victoires, représentée maintenant par des ambassadeurs d'une famille que lui imposa le triumvirat, fut forcée d'accepter à Vienne des conditions d'existence réglées par ses ennemis. Le désespoir vous saisit à l'aspect de ces nationalités, fille de Dieu lui-même, sacrifiées au congrès de Vienne à des exigences dynastiques, ou à des convenances territoriales; l'Italie jetée, à titre de restitution, sous les pieds de l'Autriche; et la Pologne, à peine renaissante, morcelée de nouveau au profit des Hohenzollern et des Gottorp; à cette dernière on daigna seulement accorder en échange un vain titre et une ombre d'institutions libérales.

C'est bien ici le cas de présenter quelques considérations sur les rapports de la France et de l'Angleterre, sujet dont nous n'avons pas pu parler plus haut, afin de le caractériser et de le signaler ensuite plus spécialement à l'attention de nos lecteurs.

Nous avons déjà exprimé toute notre douleur à l'aspect de la participation de l'Angleterre et de la France au congrès de Vienne, où la première se trouva admise par le triumvirat dans le partage du butin, et la seconde représentait une victime traînée par devant le tribunal de ses adversaires; toutes deux, rivales aveuglées, et dont la vraie destinée était de contracter une alliance à jamais indissoluble.

La jalousie de ces deux voisines, jalousie remontant à des siècles, se trouva le meilleur appui pour les vues du triumvirat; car il cherchait toujours à les faire prévaloir l'une aux dépens de l'autre, et à diminuer ainsi leur poids commun. Napoléon Ier n'a-t-il pas déjà suivi une bien fausse direction en lançant ses aigles à la poursuite, sur terre et sur mer, de la puissance Britannique qu'il combattait à outrance, comme Rome combattait Carthage, non pas au profit de l'Occident et de la civilisation qu'il représente, mais plutôt à l'avantage de la barbarie embusquée dont il faisait si peu de cas? Grand capitaine et grand administrateur, homme de facultés étonnantes, pourquoi ne lui a-t-il pas été donné de dominer ses passions, qui lui firent voir partout et toujours dans l'Angleterre son ennemie mortelle et principale. Il est certain que cette dernière fit jouer contre lui aussi bien son or que ses armes, et que, poussée par la vengeance, elle ne reculait guère devant le choix des moyens, ce qui la rapprochait sans cesse du triumvirat. De là ces tristes conséquences qui ont tant affligé l'humanité jusqu'à nos jours; de là cette insolence tellement arbitraire et imprévoyante du congrès, lorsqu'il prononçait sur les destinées de l'Europe bouleversée par les guerres de Napoléon; de là cette ombre profonde jetée sur le sort des peuples subjugués et qui n'apercevaient dès lors nul point d'appui et de concentration pour leurs pensées. *Divide et impera,* cette devise du triumvirat devint la pensée dirigeante de l'aréopage allemand, et il a fallu que l'Europe tournât quarante ans autour de ce pivot infernal, avant que les faits n'eussent désillé, enfin, les yeux des deux rivales, la France et l'Angleterre, en leur montrant que la seule voie honnête à suivre désormais *était une alliance contre*

l'ennemi de tous! Là gisait le salut commun de l'humanité, de même que ses souffrances n'avaient découlé
que du système opposé. L'examen de ce dernier nous a
forcé de nous arrêter quelque temps sur ce conciliabule
de despotes dont l'œuvre sera couverte, un jour, par
l'humanité, d'un voile funèbre.

Après avoir parlé du congrès de Vienne, voyons la
marche de notre triumvirat victorieux dans l'exercice
de sa dictature en Europe. Qui est-ce qui ne sait pas
qu'il a fait franchir à ses armes les Alpes comme les
Pyrénées, pour étouffer le mouvement libéral et en Italie
et en Espagne? et, chose pénible à rapporter, c'est le
même grand peuple, qui avait inauguré jadis le premier
les libertés modernes, qui fut chargé de porter l'esclavage à Madrid, en exécution fidèle des décrets de la
sainte alliance. Mais — glissons déjà sur l'histoire de
tous ces congrès, tenus à la suite et dans la voie tracée
à Vienne, et arrivons de suite aux événements de 1830.
L'Europe parut vouloir s'éveiller enfin de son long som-
meil léthargique.

La France, lasse de supporter son injure et les
maîtres qu'on lui avait donnés, pousse un cri de révolution dans les journées de juillet, et se lève comme un
seul homme. Trois jours lui suffisent pour secouer le
joug; mais quoi? elle ne retourne plus à son point de
départ, et les couleurs républicaines se changent pour
elle en illusion. Faisant son choix entre les deux branches de la maison de Bourbon, elle chasse l'aînée, elle
place sur le trône la cadette, et l'on peut se demander
ce qu'elle y a gagné, et pour répondre à cette question,
on n'a qu'à voir ce que son exemple a produit, par
exemple, sur l'Escaut. La Belgique, qui n'avait jamais
été indépendante, se détache du royaume des Pays Bas,

mais se donne vite une nouvelle dynastie Cobourg, et le monde, tout ébranlé qu'il paraissait être un moment, semble rentrer dans son ancienne ornière, quand une journée de novembre, chez un peuple qui ne sait pas faire les choses à demi, démontra que le feu pourrait s'étendre encore davantage et s'allumer jusque dans le foyer des géants. Ceux-là venaient justement préparer leur entrée en campagne, et fiers de leurs forces, allaient disposer aussi comme d'une avant-garde de cette poignée de soldats, à qui on avait conservé le titre d'armée polonaise. Soudain le cri, à bas Nicolas! s'élève sur les bords de la Vistule; les chefs de ses partisans succombent, et son proconsul, obligé de céder, et ne se sentant pas la force nécessaire pour réprimer l'insurrection, obtient seulement de la générosité accoutumée de la Pologne un sauf-conduit pour lui et les siens. La Lithuanie, cependant, attend en vain le signal de l'insurrection, le sang coule à grands flots, et les cohortes polonaises peu nombreuses ne trouvent d'appui que dans leur courage héréditaire, et dans quelques mots de consolation de la part des hommes du mouvement en France, qui ne leur ont fait parvenir que quelques officiers sans talent et de faibles secours pécuniaires. Malgré un pareil état de choses, la guerre de Pologne contre toutes les forces de la Russie a duré bien près de dix mois, et ici nous ne pouvons pas nous empêcher de parler de la part héroïque que prit le cabinet de Berlin dans le cours de ce conflit. Craignant pour l'intégrité de ses propres États, il avait étendu, dès le début des hostilités, un cordon militaire le long de la frontière polonaise, et il s'écriait, de temps à autre : « C'est fini, c'est fini. » Puis, voyant que la Pologne résistait, il se taisait, muet d'étonnement, mais toujours prêt à tendre une embûche au gladiateur qui combattait un géant. La catastrophe suprême arrive. Quatre millions succombent devant cinquante ! Vite, des pontons, afin que l'armée du Tsar passe plus à son aise la Vistule. Nous glissons déjà et sur le zèle que mirent les Prussiens à opérer le désarmement des légions polonaises forcées d'évacuer le pays, et sur l'activité de leur police à éteindre les dernières étincelles de l'idée qu'elles représentaient.

Que la jalousie tellement invincible des deux puissances occidentales, qui ne devaient conclure une ligue fraternelle que plus tard, s'attribue ici de nouveau la faute ! Quels champs ne s'ouvraient-ils pas pour leur activité dans cette occurrence ! La moitié des forces qu'elles ont mises en mouvement aujourd'hui pour protéger la Turquie non chrétienne, la moitié du sang généreux qui vient de teindre les steppes de la Crimée, la moitié des projectiles employés contre Sébastopol, et des millions dépensés dans la guerre actuelle, auraient suffi pour sauver la cause d'un peuple, qui, libre et indépendant, eût été le boulevard et l'allié de l'Occident de l'Europe, et eût formé un frein pour le triumvirat non-seulement quant à ses projets contre la Turquie, mais on peut le dire contre tout ce que l'humanité presque toute entière peut redouter de sa part. Eh bien ! rien de cela n'a eu lieu. La Pologne a succombé de nouveau sous les coups du triumvirat, avec l'unique consolation, qu'elle a couvert de sa poitrine la France, qu'elle a sauvé peut-être son avenir, et qu'elle a rempli son devoir.

Ici commence l'ère de vengeance et de persécutions qui s'est prolongée durant un quart de siècle contre le peuple polonais martyr.

Pour compléter ce tableau, il faudrait interroger les

cachots de Varsovie, de Vilna, de Bobruysk, de Saint-Pétersbourg, de Kufstein, d'Ollmutz, de Glogau, de Thorn, de Graudentz et du Moabit à Berlin, de même que les potences russes et les innombrables transports de victimes, soit sous l'affreux ciel de la Sibérie, soit à bord de ces flottes qui ne font que pourrir aujourd'hui sur les deux mers, et dont l'une a déjà péri dans les flots de l'Euxin. Qui pourrait oublier aussi les couteaux de Metternich et de Szela, sur lesquels le sang gallicien n'a pas eu encore le temps de sécher? la mémoire de leurs auteurs gravée sur l'airain passera à la postérité (1)? C'est à vous, du reste, nobles proscrits, qui portez vos longues infortunes avec tant de calme et de dignité, à achever notre esquisse!

En parcourant les événements de l'époque contemporaine, nous voyons la France déçue dans ses espérances et dans ses droits, par son roi-citoyen, qui, livré comme il était exclusivement à des préoccupations dynastiques, dut céder docilement et presque toujours aux prétentions du triumvirat, d'où ont découlé par conséquent et les franches attaques des trois despotes contre la nationalité polonaise, qu'ils avaient pourtant garantie eux-mêmes dans les traités de Vienne, et la suppression de son dernier asile, cette ville libre et neutre de Cracovie, qu'on incorpora à l'Autriche, et où l'on ne respecte rien, pas même les souvenirs historiques.

(1) Szela, paysan de la Gallicie, fut un des chefs des égorgeurs dans cette province en 1846, et le gouvernement autrichien, à la tête duquel se trouvait alors, comme chacun sait, le prince de Metternich, non-seulement le laissa impuni, mais encore le gratifia d'une ferme où il vit encore, ce qui donna lieu à une médaille commémorative frappée à l'étranger et où les noms de Szela et de Metternich figurent accolés l'un à l'autre.

La nation murmurait bien contre tout cela en France comme en Angleterre, mais Louis-Philippe fidèle à sa devise « *enrichissez vous* » protesta à peine, et c'était déjà assez aux yeux des épiciers et des industriels de son temps.

Un tel système a dû crouler en France, car il n'avait ni vertu, ni dignité, par conséquent ni force morale, ni durée. Les premiers mois de 1848 virent tomber cet édifice fragile, et la branche cadette des Bourbons suivit la branche aînée dans l'exil. Leur place fut occupée par la république, enfant cacochyme et bercé à contre-cœur, fruit d'un pur hasard, conçu sans tous les éléments nécessaires à son existence. L'écho de cet événement se répandit toutefois en Europe avec la rapidité de l'éclair. Tous les cœurs des peuples opprimés et de gens, qui aiment Dieu dans l'humanité, et que la rouille du servilisme n'a pas atteints, vibrèrent comme touchés par un courant électrique. Vienne et Berlin suivirent l'exemple de Paris. Les maîtres de ces deux capitales, jouant à la fraternité avec leurs peuples, acceptèrent effrayés et jurèrent les pactes qu'on leur proposa. Les populations d'autres nationalités, impatientes de leur joug, demandèrent alors que leurs droits fussent reconnus à leur tour, et c'est en ce moment que le triumvirat frissonna sérieusement et vit son existence ébranlée par sa base, son nœud de cohésion se détachait, l'Europe échappait à son sceptre, une fois que l'Italie, la Hongrie et une partie de la Pologne eussent brisé leurs fers, suivies qu'elles auraient été bientôt par le reste de la Slavie. Les triumvirs ne désespèrent cependant pas, ils ne perdent pas de temps, et une marche rétrograde habilement exécutée fait leur salut. Vienne et Berlin cèdent à des coups bien dirigés. Le grand duché de

Posen est inondé de sang et tombe victime de la duplicité prussienne, cette vieille arme du cabinet de Berlin, tant éprouvée contre la Pologne. Dresde est offerte en proie à ces mêmes soldats de Brandebourg, et une partie de ses plus beaux édifices est consumée par les flammes. Mais l'affaire du machiavélisme prussien s'est vraiment surpassée dans la campagne du Schlesvig où la fleur de la jeunesse et des volontaires allemands se laissa décimer par la mitraille danoise au profit d'une diversion pour ce qui se passait alors dans l'intérieur de l'Allemagne. La Lombardie, un moment délivrée de ses oppresseurs, succombe à son tour sur le funeste champ de Novare, tandis que Naples et la Sicile, livrés par leur propre roi à la justice des Lazzaroni, rentrent sous l'ancien régime tant détesté. Bade et Hesse-Cassel, en pliant sous les armes prussiennes, complètent le triomphe de la politique rétrograde du triumvirat, dont les regards ne se portent plus avec anxiété que du côté de la Hongrie, où le drapeau autrichien subissait défaite sur défaite.

C'était le moment pour le tzar Nicolas de déployer sa toute puissance. Sollicité d'intervenir, il parla au monde un langage que les Gengis Khan et les Timour n'auraient pas désavoué, puis fit marcher une armée de cent mille hommes à travers les Karpathes. A l'aspect de ce redoutable adversaire, qui les prenait en flanc, l'énergie des Hongrois, qui avaient pourtant eu la gloire d'humilier si bien l'orgueil de l'Autriche, fléchit. L'armée russe n'a eu presque qu'à exécuter une marche à travers la Hongrie, et le drame sanglant se termina sous les murs d'Arad. Le reste des insurgés, en déposant les armes, parut se fier davantage aux assurances de l'intervenant. Vaine illusion! Les potences, la fusillade et

les cachots ont montré aussitôt quel poids il y fallait attacher, et le vainqueur se piqua en quelque sorte d'une sévérité dépassant toute limite. La Hongrie fut dépouillée de tous ses droits, perdit sa nationalité, et devint une simple province de l'Empire autrichien, la France et l'Angleterre, chose étonnante, se bornant à être simples témoins de ce nouvel attentat, et ne faisant pas agir un seul soldat, puisque leur diplomatie ne trouvait point d'argument en faveur de l'existence d'une nation, que des anciennes transactions et traités avaient liée seulement avec son voisin.

Les historiens futurs auront sans doute quelque peine à expliquer cette indifférence que témoigna la République française en face des divers changements, qui se passaient autour d'elle ; comme si toutes ces péripéties et bouleversements étaient dans l'ordre du jour, et comme si l'anomalie sur les bords de la Seine se trouvait destinée à naître et à disparaître toute seule comme un humble champignon !

Dans ces affaires françaises, on voyait des tendances rétrogrades dirigées par une main occulte, se montrer de plus en plus et hardiment au grand jour. Sous le titre trompeur de représentants de la république, apparaissaient l'un après l'autre les partisans cachés du royalisme, dont la mauvaise foi est suspecte au peuple, mais qu'il laisse tranquilles sous leurs masques pour un temps, comme s'il prévoyait que des événements autrement importants vont survenir bientôt. Les moments étaient précieux. Le coup d'état de décembre ne fut point une surprise pour le peuple français. Exécuté hardiment et à temps, il plaça de nouveau un grand nom à la tête de la nation, et si elle n'y a point vu les libertés promises, elle y sentait néanmoins un prestige de nature à lui promettre des gloires nationales. Le peuple ne pouvait pas balancer un seul moment dans son choix entre le gouvernement faible qu'il venait de voir à l'œuvre pendant une couple d'années et l'Empire sous un Bonaparte. Il ne s'est point indigné, il n'a pas reculé devant l'aspect d'une représentation inerte, mise de côté, et la dictature même, avec son absolutisme présumé, lui faisait moins de peur que l'idée seule de s'humilier devant les épées de l'étranger.

Qu'une basse et impotente jalousie cesse enfin de s'attaquer au mérite et à la distinction de l'homme, qui seul au monde a osé dire au triumvirat, tellement orgueilleux de ses succès, et au Tzar, se préparant à égorger sa victime « *Sta, ne movearis.* » Une gloire insigne lui revient d'ailleurs d'avoir le premier donné la main à un grand peuple, réputé l'ennemi éternel de la France, et de l'avoir amené ainsi à cette union et alliance chrétienne, qui liant deux grandes nations d'un lien indissoluble, ont élevé leurs forces au point où nous voyons, degré suffisant pour écarter tous les obstacles, que l'humanité, visant au progrès et au bonheur au sein de la civilisation, rencontrait depuis des siècles. Plus grand par cette œuvre que son oncle d'impérissable mémoire, mais dont l'époque, empreinte de la haine fatale contre l'Angleterre, a amené pour l'Europe et pour l'humanité quarante ans de convulsions et de souffrance, Napoléon III, s'il n'avait créé que cette alliance anglo-française, aurait déjà bien mérité de la France, comme de l'Europe et de l'avenir. Nous fermerons les yeux bien volontiers sur ce manque de formes et sur les apparences qu'incriminent à tort ses adversaires, et qu'il nous soit même permis d'aller plus loin et de repousser ici le reproche principal qu'on lui fait de sacrifier la

France à ses vues et de poursuivre uniquement des buts dynastiques. Remarquons tout d'abord, que le despotisme, avant d'envahir l'Orient, a voulu prêter à l'Empereur des Français les intentions dont il s'agit.

Mais selon notre conviction, ce n'est point la France que Napoléon III a sacrifié à ses vues, c'est lui-même qui s'est devoué au bien du pays. Sans la démarche qu'il a tentée, sans le succès de cette démarche, où en seraient aujourd'hui, je le demande, la France, l'Europe, l'humanité, aussi bien que leurs espérances ? La ligue septentrionale n'avançait-elle pas constamment, ne brisait-elle pas tous les obstacles, ne préparait-elle pas à la France le sort subi jadis par la Pologne? Cette ligue n'aurait-elle pas pu la partager entre les deux branches de la famille des Bourbons, et dans ce cas son but aurait déjà été atteint, car la France, sous n'importe quelle dynastie imposée par des despotes étrangers, serait devenue la vassale et la tributaire du triumvirat. Faible par le partage, plus affaiblie encore par des institutions rétrogrades, la France aurait-elle jamais vu son alliance recherchée comme aujourd'hui par l'Angleterre, libre et puissante, s'il s'agissait de s'opposer aux envahissements des triumvirs à l'égard de la Turquie? Ne pourrait-on pas même admettre l'extrémité contraire, c'est-à-dire le cas, où l'Angleterre serait devenue quatrième partie prenante dans le concert des envahisseurs? Et que devenaient alors, la pauvre humanité, les nationalités opprimées, le progrès, la civilisation? Sur quoi auraient compté les espérances quelconques de l'avenir !

Toutes ces déductions, tellement simples, nous amènent à la conclusion positive, que le doigt de la providence s'est visiblement montré dans le choix de l'homme afin de sauver la cause générale de l'humanité.

C'est Dieu qui a confié à Napoléon III l'initiative comme nous voyons d'une grande œuvre, et s'il est conforme à ses vues qu'il puisse l'achever; la jalousie, qui lui reproche son désir de la couronne, sera bien obligée de se taire, et le monde étonné se convaincra, qu'il y a quelque chose de supérieur et de plus précieux qu'une couronne, à savoir, le bandeau de laurier impérissable tressé par les mains de l'humanité et de l'avenir. C'est le bandeau qui brillera sur le front de Napoléon, dès que l'œuvre sera terminée.

Nous venons de parcourir le cercle des faits, et nous croyons avoir prouvé par eux que la guerre actuelle n'a plus lieu dans l'intérêt de la Turquie seule, mais bien pour les intérêts les plus précieux de l'Europe : pour son indépendance, sa civilisation, son avenir, pour l'humanité, en un mot, et ses droits les plus sacrés, menacés par les prétentions audacieuses et par les projets du triumvirat représenté ouvertement par le Tsar.

Quelles sont les conditions indispensables pour résoudre une question de cette importance, et terminer heureusement une si grande œuvre? c'est là ce qu'il s'agit d'examiner maintenant de plus près.

L'Europe a son côté le plus faible et le plus sensible, où elle ne saurait souffrir nulle atteinte sans péril. Ce côté, ce membre faible, c'est indubitablement la Turquie. Voilà le vrai talon d'Achille trouvé.

Or, nous voyons aujourd'hui que c'est justement ce côté qui est menacé d'une manière ouverte par la Russie ou plutôt par son Tsar, et d'une manière cachée par le triumvirat tout entier, dont nous avons retracé plus haut la composition, aussi bien que les tendances. Le triumvirat n'ignore pas qu'en s'attaquant à la Turquie, c'est à l'Europe, soit à la France et à l'Angleterre qu'il s'attaque ; les autres puissances étant pour la plupart comptées par lui pour rien, ou bien se rangeant sous sa bannière.

Il s'agit donc à présent pour l'Europe non-seulement d'écarter le coup qui la menace, mais de se placer et de se garantir de manière que des coups pareils soient impossibles désormais.

Pour arriver à ce résultat, il est indispensable d'enlever aux agresseurs la force et les facilités qui les rendent aujourd'hui si redoutables. Cette force consiste dans leur ligue intime que nous avons appelée le triumvirat, il faut donc la dissoudre ; ces facilités, c'est le voisinage territorial de la Russie avec la Porte qui les offre, il faut éloigner, par conséquent, les frontières russes des frontières ottomanes.

Le triumvirat ne pourrait être dissous que par l'un des deux moyens :

1° Si l'on détournait par la voies diplomatiques l'Autriche et la Prusse de leur alliance avec la Russie, et si on les entraînait dans l'action commune, ou bien,

2° Si, laissant de côté l'Autriche et la Prusse, on faisait la guerre à la Russie seule, sur son territoire, dût la lutte se prolonger des années, jusqu'à ce qu'elle renonce à ses acquisitions sur la Pologne, la Suède et la Turquie, et jusqu'à ce qu'elle ouvre ainsi la voie à la reconstruction d'une Pologne, ne fût-ce que dans la limite des provinces que la Russie lui avait enlevées lors des trois partages. En établissant ainsi une Pologne au milieu des membres du triumvirat, ce dernier est rompu de fait, et les frontières russes, s'éloignant du Dnieper, les territoires polonais séparent désormais les deux antagonistes, la Russie et la Porte.

Le premier des moyens dont nous venons de parler,

serait le meilleur; car il terminerait la guerre aussitôt et de gré à gré, mais il n'est pas possible, parce qu'il n'est pas naturel. Le triumvirat, c'est un corps, une âme, un système. On ne le gagnera ni par conviction, ni par sollicitation, ni par aucune force morale, *car lui-même n'en possède aucune.* On ne peut donc agir sur lui que par la force matérielle, c'est-à-dire par intérêt, ou par une force militaire supérieure à celle sur laquelle il s'appuie. Mais comment le prendrions-nous par l'intérêt, lorsque son but et système éternel est le pillage et l'envahissement de ce qui est autour de lui? L'Occident ou l'alliance chrétienne ne sauraient rien lui donner par la simple raison qu'il ne livre pas ce qu'il a, et qu'il ne prend pas ce qui est à autrui. Le triumvirat ne se dissoudra donc pas de bon gré, car il lui faudrait perdre beaucoup, et pour le moins ses acquisitions polonaises, et comme les mots de *perdre* ou de *restituer* ne se trouvent point dans son dictionnaire, il ne voudra pas certes abandonner le butin qui resserre le plus sa ligue. Le triumvirat sait très bien tout cela, mais il devrait pourtant se rappeler que le secret de sa position à l'égard de l'Europe est également bien connu de ceux que nous appelons les alliés chrétiens, et ceux-ci n'auraient qu'à appeler toutes les nationalités opprimées et impatientes du joug sous leurs drapeaux.

Reste donc l'emploi du dernier moyen, de l'*ultima ratio*, moyen terrible, hélas! et coûteux, mais moyen unique et indispensable dans la situation actuelle.

Nous n'avons pas mission d'indiquer à l'alliance chrétienne quels sont les moyens les plus habiles et les plus efficaces pour amener cette guerre à un heureux résultat, c'est-à-dire pour dicter à l'ennemi les conditions jugées nécessaires à la sécurité de l'Europe; elle n'a pas besoin de nos conseils; nous nous permettrons toutefois de demander si cette alliance, par égard pour sa sécurité et pour le sang qu'elle prodigue, peut tolérer plus longtemps cette *quasi-neutralité* des états allemands qui, en face de l'Europe et du monde, n'oseraient pas se déclarer franchement pour la ligue du triumvirat. Nous voulons parler ici surtout de la neutralité prussienne qui, comme on l'a vu, est fort suspecte, et se changerait sans doute à la première chance fâcheuse pour l'Occident, en hostilité ouverte.

Afin de mettre la neutralité en question à l'épreuve, et de forcer la Prusse à prendre, enfin, une attitude bien nette, il ne serait que juste de lui dire : Vous avez jadis, comme puissance neutre, permis à l'armée russe, en 1805, de traverser vos territoires pour aller combattre les Français; vous fournissez aujourd'hui à cette même Russie, toujours comme puissance neutre, des armes, de la poudre, du salpêtre, du fer et du plomb; vous lui facilitez la réalisation de ses emprunts sur vos places de commerce; eh bien, nous vous proposons de faire pour nous ce que vous faisiez pour les Russes, sans abdiquer votre neutralité, c'est-à-dire de nous permettre de diriger cent mille hommes à travers la Prusse sur la Pologne. Nous verrions ce que le cabinet de Berlin répondrait, et il serait mieux qu'il prît aujourd'hui ouvertement parti contre l'Occident, que s'il le trahissait plus tard et, selon sa coutume, à l'improviste.

En revenant à notre sujet, dont ces remarques sur la neutralité prussienne nous ont détourné un peu, nous dirons ici encore que, comme le plus faible côté de l'Europe c'est la Turquie, le plus faible côté du triumvirat, et nommément de la Prusse et de la Russie, c'est la Pologne. Voilà pourquoi nous avons fait de sa reconstruction la condition principale de la sécurité de l'Europe contre les envahissements du triumvirat qui, privé une fois de ce que nous appellerons *l'épine dorsale du géant*, se dissoudrait en trois corps ou États distincts, forcés d'avoir chacun désormais une politique séparée et inoffensive. Afin que le colosse ne puisse jamais reprendre ces anciennes proportions dans l'avenir, il ne faudrait pas lui placer une Pologne bien faible au centre, car elle deviendrait aussitôt le jouet de ses intrigues ou la victime de son avidité. La Pologne devrait être rétablie dans ses limites d'avant le premier partage de 1772, et ce n'est qu'ainsi qu'elle répondrait aux nécessités européennes, et commanderait du respect à ses voisins. Il ne nous appartient pas de scruter les combinaisons qui se présenteraient au sujet de la dynastie destinée à régner sur la Pologne, mais ce qui est certain et indubitable, c'est que tous les membres des familles réguantes qui descendent des assassins de ce pays, devraient être exclus de cet honneur ; la nation polonaise ayant trop souffert, se rappelant trop des règnes sanglants de Catherine et de Nicolas, des massacres d'Human et de Prague, de la jacquerie gallicienne et de ses auteurs, Metternich et Szela, pour pardonner facilement à ses persécuteurs. Fier de la grandeur de ses souvenirs, du prix de son mérite, de sa persévérance et de son caractère chevaleresque, le peuple polonais avait vu sur son trône des héros, des législateurs, et toujours de vrais pères, pendant l'espace de neuf siècles, mais son trône n'a jamais été occupé par un bourreau, un lâche, ni un escroc.

Dans l'hypothèse de la reconstruction de la Pologne, et de la dissolution du triumvirat, comme seuls moyens de garantir la paix et la sécurité de l'Europe, voyons quelles en seraient les conséquences pour chacun des membres de cette ligue, en commençant par la Russie.

La société russe, poussée dans des voies fausses par l'esprit de rapine qui a caractérisé ses Tsars depuis des siècles, nous présente aujourd'hui encore une population de plus de 60 millions d'âmes, plongée dans la barbarie, maintenue dans l'esclavage et dans une ignorance systématique. Un pareil système de gouvernement a dû tourner ses soins de préférence vers les affaires du dehors, afin d'y chercher des éléments de conquête, toujours nouveaux, en s'y frayant son chemin par des intrigues conduites avec un art satanique, en semant l'or pour les appuyer, et en lançant, enfin, ses hordes pour exécuter des invasions avec une férocité traditionnelle.

Le système dont nous parlons n'a pu que prodiguer ainsi à l'extérieur toutes ces ressources en hommes et en argent, qui sont si difficiles à remplacer dans un pays comme le sien ; il faut donc ajouter aux malheurs de ce dernier, outre l'esclavage et l'ignorance, les maux de la dépopulation, de l'épuisement du trésor, du manque d'industrie, de la stagnation du commerce, de l'impossibilité, enfin, de faire des progrès au moral, c'est-à-dire dans la vraie civilisation. Restée en arrière sur les autres nations de l'Europe, la Russie ne nous représente que des masses revêtues d'uniformes et armées, des hordes aveuglément obéissantes et prêtes à se jeter sur quiconque lui sera ordonné. Écartée de cette voie funeste par la volonté énergique et par les forces de l'alliance européenne, replacée dans ses limites naturelles, surveillée strictement et obligée de n'en plus sortir, elle se verrait nécessairement contrainte de changer de système, et ne trouvant plus de proie au dehors,

à chercher des ressources au dedans, ce qui l'amènerait
à faire alors des conquêtes bien autrement supérieures,
à savoir des conquêtes morales et de nature à lui assurer une vraie grandeur. Briser les chaînes de cinquante
millions de ses serfs, leur rendre leurs anciennes libertés,
assurer à tous l'instruction et l'égalité devant la loi,
abolir l'avilissante gradation des *tschin* ou rangs, ouvrir
une large carrière au travail, à l'industrie et à
l'avancement légitime, établir une juste répartition
d'impôts, accorder à la nation une part dans l'admi-
nistration et dans la confection des lois, et faire qu'elles
soient dignes de notre époque, et portent cependant le
cachet national ; purger, enfin, tous les services publics
de cette infâme vénalité qui y règne aujourd'hui, voilà
certes des conquêtes à briguer par des souverains aussi
puissants que le sont ceux de la Russie. Détournés de
leur système payen, les Tsars reconnaîtront eux-mêmes
tout le prix des mérites que leurs erreurs empêchaient
d'acquérir. Ils ouvriront à la Russie tous les trésors
jusqu'ici fermés, ils planteront sur son sol les germes
féconds des sciences et des arts, ils y feront grandir
l'agriculture, l'industrie et le commerce ; briseront les
fers qui arrêtaient l'essor de la pensée et de la littéra-
ture, protégeront, en un mot, le règne des lumières, et
ayant une fois goûté des jouissances aussi douces, ils se
voueront désormais à cette belle carrière en vrais fils
aînés et les plus nobles de la Russie, et répudieront à
tout jamais cette vieille alliance et politique germaniques qui, au grand détriment des Russes, ne profitaient
qu'aux Allemands. Ce n'est que lorsqu'ils auront à se
glorifier d'œuvres pareilles, exécutées au profit de la
patrie et de l'humanité, que les souverains de la Russie
pourront se montrer, dans tout l'éclat de leur gran-

deur, au monde qui s'en réjouira de concert avec eux.

Une carrière non moins prospère s'ouvrirait pour l'Autriche, à son tour. Il lui faudrait, il est vrai, renoncer dans l'intérêt de tous, et à la Lombardie, qui rejoindrait sa patrie italienne, et à la Galicie, à laquelle même justice serait rendue, mais à côté de ses couronnes héréditaires de Hongrie, de Transylvanie, de Bohême, de Moravie, du Tyrol et de l'Autriche, il ne serait qu'équitable si on lui restituait la Silésie, qui lui a été enlevé, et si on lui accordait un protectorat sur les principautés danubiennes aussi bien que sur tous les Slaves du midi. Maîtresse alors de plus de 40 millions d'hommes, dont les trois quarts d'origine slave, elle devrait renoncer jusqu'à son nom de l'Autriche, et à toute prétention d'être puissance allemande, en adoptant le beau titre d'empire des Slaves méridionaux, sans renoncer pour cela aux titres royaux de Hongrie et de Bohême. Ainsi réorganisée, force serait à cet empire d'adopter un système fédératif, de restituer à chaque nationalité distincte et ses franchises et ses droits, et de les relier toutes sous l'autorité d'un sceptre héréditaire, dont la splendeur ne le céderait certes en rien à l'éclat de l'ancienne couronne d'Allemagne élective, ou du diadème impérial autrichien fort moderne.

Maintenant qu'avons-nous à dire relativement à la Prusse? Lorsqu'on lui aura repris une partie de notre chère Pologne, la Silésie et ses provinces d'au delà du Rhin, il faudra bien qu'elle redescende à l'ancienne place qu'elle a occupée dans l'Empire ou Confédération germanique. Le nom d'un État prussien, à côté d'une Pologne forte et reconstituée par la volonté de l'Europe, ne signifierait absolument rien. Ce ne serait là, du reste, que la chute d'une dynastie, et non pas la chute d'une

nationalité formant État. L'Europe, en se constituant
en États, et les voyant se transformer durant des siècles,
n'a pas compté dans sa famille d'état prussien, dont
l'apparition ne lui a causé nul profit, comme la dispari-
tion ne lui causera ni lacune ni perte. La Prusse, d'ailleurs, pendant son siècle et demi d'existence, ne s'est
créée aucune sorte de mérite auprès de l'Europe, et ne
lui a laissé d'autre souvenir que de s'être toujours liée
avec ses ennemis, pour l'assassinat de nationalités, qui
lui étaient étrangères, pour la compression de la liberté,
en vassale fidèle, ou plutôt en simple suivante de la
Russie. C'est ainsi qu'elle se présente encore aujourd'hui
au monde, et cela au moment où l'on se serait attendu à
autre chose de la part d'un état qui jouit de l'indépendance, et dont les possessions ont des débouchés sur
deux mers ; si les remaniements de la carte de l'Europe
amenaient par conséquent des pertes pour la Prusse,
ces pertes, motivées par une nécessité absolue, ne seraient qu'une juste punition des torts qu'elle a eus,
comme toute l'histoire de sa courte existence en fait foi.

Tu as dépouillé, tu seras dépouillé, tu as pris ce qui
n'était pas à toi, il faudra restituer, *redde quod debes*, voilà
de ces vérités vieilles comme le monde et auxquelles
on est obligé d'avoir recours une fois que la violence
se trouve dans le cas d'être repoussée par la violence.

Dans l'hypothèse, où la Prusse abandonnerait elle-
même le triumvirat, et ferait de cette manière une
concession importante pour l'accomplissement du grand
œuvre, hypothèse, dont il y a lieu de douter très fort
cependant, on arriverait certes à des combinaisons plus
faciles, et la Prusse, obtenant ainsi un mérite réel aux
yeux de l'Europe, acquerrait des droits à être compensée
de ses sacrifices par certains arrondissements dans

l'Allemagne centrale; mais nous ne cesserons pas de répéter, que la vraie base et comme *le sine qua non* d'une paix européenne c'est toujours le rétablissement de la Pologne, qui seul réunit tous les gages de sécurité :

a. En amenant la dissolution du triumvirat et de sa politique.

b. En constituant au milieu de ses états une puissance capable de l'empêcher de reformer son ancienne ligue.

c. En affaiblissant la Russie au point de vue territorial, et diminuaut ainsi ses forces et ses tendances aggressives.

d. En écartant complétement les frontières de la Russie des frontières turques; la Pologne rendant désormais toute attaque de la part de la première impossible.

Nous croyons donc avoir prouvé de cette façon, que le moment de saluer *une paix réelle*, c'est-à-dire une paix qui s'appuierait sur les bases énoncées plus haut, et renfermerait les garanties de sécurité indispensables à l'Europe, n'est pas encore arrivé. La seule paix qu'on pourrait conclure aujourd'hui, ne serait plutôt qu'une trève, qu'un armistice, qui permettraient au triumvirat de restaurer ses forces, et dont il ne profiterait certes pas dans l'intérêt de l'humanité, mais bien pour exécuter ses plans avec plus d'ensemble et d'habileté, l'intervention subite de l'Europe par l'organe des deux puissances principales, lui ayant suscité des obstacles.

Une trève pareille n'est pas admissible, surtout dans un moment, où les vraies tendances de l'ennemi se trouvent démasquées, où il a déjà fléchi sous le poids des armes victorieuses de l'alliance chrétienne, où tant de nobles victimes, qui se sont devouées pour une grande cause, plaident contre un résultat mesquin ; non, non, une trève pareille trahirait plutôt les espérances de l'humanité et produirait un désastre au lieu d'un bien.

L'attentat contre la Pologne et la révolution française sont les deux grands événements contemporains, qui ont donné naissance à notre époque, ou plutôt au XIXe siècle, qui se déroule encore sous nos yeux. Cette époque fut marquée par soixante et dix ans de convulsions et de guerres pour les peuples et pour les états de l'Europe. Nous y avons subi des maux de Tantale, traversé une mer de larmes et de sang, éprouvé des moments affreux de douleur et de doute. Aujourd'hui qu'une espérance juste et fondée pousse notre nef tourmentée par la tempête vers des rivages plus fortunés, devrions nous donc manquer de patience et de persévérance? Armés de ces grandes vertus, qui doivent être la consolation et le bouclier des malheureux, dont l'infortune n'est point méritée, attendons et regardons l'avenir avec calme, nous fiant en Dieu et en sa volonté providente. C'est elle, qui conduit l'humanité, comme par la main, quoique souvent par des routes inconnues, vers un avenir meilleur et désiré, en lui envoyant pour chefs des hommes illuminés par son idée et forts par leur mission. Espérons et attendons! Une petite lumière bien heureuse vient déjà de briller devant nos yeux; cette lumière dissipera bien vite les ténèbres qui entourent l'humanité! Les autels païens, sur lesquels les blasphémateurs ont arboré le signe du salut, tremblent sur leurs bases et tomberont sous peu en poussière. La doctrine du Sauveur, après une victoire définitive sur le paganisme, ou le règne de Satan, mettant fin à ses usurpations sur la terre, s'incarnera désormais dans toutes les affaires de la Société Européenne, et plantant le principe de la justice dans toutes les relations

internationales, deviendra la base et l'âme de la politique ; *car la justice est la plus grande sagesse, en face de
la politique d'ici-bas !*

Écrit à Vienne en Autriche, le 2 décembre 1855.

D. P.

POSTSCRIPTUM.

« La Russie a accepté en entier et sans débat toutes
les conditions préliminaires que lui ont présentées les
puissances alliées. »

Voilà la grande nouvelle que les journaux européens
ont répandu avec la rapidité de l'éclair au moment
même où l'écrit qui précède attendait sa publication,
voilà l'événement, inattendu et inespéré, que tous les
adorateurs *du veau d'or* ont accueilli avec une joie
aveugle et fiévreuse, et ont salué dans leurs temples
par une hausse inouïe, voilà enfin ce que les gens au
jugement droit et impartial apprennent avec un certain
sentiment de tristesse, à la vérité, mais sans un trop
grand étonnement. Comptant au nombre de ces derniers, nous ne pouvons pas partager la joie de ces
cœurs tarés par un vil intérêt, et où l'amour de l'or a
éteint l'amour si naturel de Dieu et du prochain, mais
accoutumés à considérer les choses humaines du point
de vue de l'intérêt général et bien conçu de l'humanité,
c'est-à-dire du point de vue moral, et mettant de côté
toute considération secondaire et tout calcul personnel,
nous allons examiner l'événement nouveau avec impartialité, et nous ajouterons quelques pensées et
réflexions afin de compléter nos considérations précé-
dentes.

La Russie, en acceptant les cinq points que lui ont présenté les puissances alliées, a fait, malgré toute l'apparence d'une concession, inconnue jusqu'ici dans ses annales, une chose sans contredit politiquement très sage, qu'elle ait été d'ailleurs sincère ou non au fond de sa pensée. Elle a prouvé par là, qu'elle comprenait mieux la position réelle des puissances, avec lesquelles elle est en guerre, que celles-ci n'ont comprise la sienne.

Les concessions russes paraissent aujourd'hui, c'est-à-dire momentanément et sans que notre pensée s'arrête sur un avenir, peut-être pas trop éloigné, suffire à la France, ou du moins à la nouvelle dynastie qu'elle s'est choisie.

Quant à l'Angleterre, c'est autre chose. Les affaires de l'Europe aplanies ou plutôt lissées extérieurement par l'acceptation russe des cinq articles, ne sauraient satisfaire l'Angleterre, ni pour ce qui concerne la sécurité de la Turquie sur le continent européen comme sur le continent asiatique, ni sur la sécurité de ses propres possessions en Asie.

La Turquie nous présente aujourd'hui un tableau de désordre, de faiblesse et de décomposition totale; la misérable manière dont elle a fait la guerre en Asie et l'apathie qu'elle a montrée pour la défense de Kars, n'en sont-elles pas des preuves irrécusables? Pour renverser la Turquie, on n'aura plus besoin maintenant d'une flotte dans l'Euxin. Une insurrection de ses sujets chrétiens, habilement dirigée sous main par la Russie et appuyée par une intervention grécane, y suffirait déjà, et la Russie, regardera-t-elle ces choses avec indifférence? Un médiateur non prié arrivera alors par terre à Constantinople, et y aura tout arrangé à son

gré, avant que l'Occident, séparé toujours de la Russie par les deux autres membres du triumvirat, l'Autriche et la Prusse, y puisse mettre obstacle. En Asie, également, où sont les garanties de l'Angleterre et pour le Sultan et pour elle-même? Quelle force y opposera-t-on aux Russes, qui s'y préparent le chemin depuis tant d'années et y pénètrent de plus en plus. Pourra-t-on compter sur la Perse, qui dans les circonstances actuelles, et contre les intérêts les plus évidents *de sa religion et de son existence,* se montrait plutôt l'humble servante de la Russie qu'une voisine loyale de l'Angleterre? La Perse est pour la Russie en Asie, ce qu'a été et ce qu'est toujours pour elle la Prusse en Europe, et dans un avenir plus lointain la Russie ne pourrait-elle pas même trouver une alliée jusque dans la Chine, qu'on a vue lui céder dernièrement et de bon gré quelques-unes de ses possessions?

Les hommes d'État tellement éclairés de la Grande-Bretagne apprécieront sans doute tout cela, et quant à nous, nous nous bornerons à ajouter encore, que la politique russe est dirigée principalement contre l'Angleterre, à laquelle elle voudrait porter un coup mortel dans l'Inde.

Une paix solide est-elle possible sous l'empire de pareilles circonstances et menaces? Le cinquième point, ou article des conditions préliminaires, a-t-il été au préalable déterminé et précisé par les deux parties contractantes, ou bien y verrions-nous une sorte de blanc-seing donné imprudemment par la Russie? Il serait fort difficile de le croire. L'Angleterre et la France s'arrêteront-elles à moitié chemin, après avoir versé tant de sang de ses fils les plus courageux et avoir dépensé tant de millions, sans aucune juste compensation, et sans

avoir atteint complétement leur but? S'effrayeront-elles
à l'idée de l'abandon et de la trahison des deux membres
du triumvirat, l'Autriche et la Prusse? N'ont-elles pas à
leur opposer, non-seulement leurs propres et nombreuses armées et flottes, mais encore toutes ces nationalités opprimées, qui n'attendent qu'un signal? Ne
savent-elles pas, que devant leurs forces réunies tout
doit plier, comme elles seraient obligées à plier à leur
tour, si elles se séparaient? Manquent-elles d'hommes
de cœur et d'âme énergique? En face du géant, enhardi
par les conseils de ses co-triumvirs, l'Angleterre et la
France pourraient-elles vouloir paraître des Pygmées?
L'histoire ne leur présente-t-elle pas des enseignements
précieux et positifs? Qu'elles se demandent, si Napoléon Ier n'a pas payé bien cher ses condescendances
envers l'Autriche, si Pitt, en brisant de sa volonté de fer
le traité d'Amiens a démérité de son pays, et son action
n'a-t-elle pas eu dans le temps les suffrages de cette
même Autriche et de cette même Prusse, qui hurleraient
aujourd'hui contre lord Palmerston s'il imitait Pitt, et
l'accuseraient de mauvaise foi, elles, qui n'ont jamais
brillé par leur propre loyauté?

Toutes ces questions, il faut bien les adresser aux
hommes d'État, chargés par les puissances alliés de
préparer l'œuvre future de la paix, paix, qui ne signifierait rien du tout, si elle ne réduisait pas la Russie à
l'impossibilité de renouveler ses envahissements, et si
l'on se contentait de garanties sur le papier; de même
que les cinq articles, si le dernier d'entre-eux ne contient
pas les demandes les plus larges, n'aboutiront qu'à une
trève, à *une paix armée*, pire que la guerre elle-même.

Si vous voulez conquérir une paix durable, ne vous
fiez pas aux pactes des triumvirs, ni aux paroles de la

Russie, ne vous fiez *qu'à son impuissance;* car voilà la seule et véritable base de la sécurité de l'Europe contre les aggressions du triumvirat, et l'unique moyen pour cela, c'est le rétablissement d'une Pologne entière, forte et indépendante, qui séparera la Russie de la Turquie, et dont les trois cents mille braves soldats se tiendront toujours prêts à défendre non-seulement l'Europe et la Turquie, mais encore l'Angleterre, si la Russie cherchait à tenter quelque chose contre ses possessions asiatiques.

La France et l'Angleterre, malgré le silence qu'elles ont gardé jusqu'ici sur la Pologne jusque dans leurs cinq articles, ont de justes droits et leurs peuples un strict devoir de porter la cause polonaise par devant le tribunal de l'Europe.

Toutes les garanties stipulées par les traités de Vienne au profit de la Pologne ont été anéanties. Le triumvirat germanico-païen les a foulées aux pieds insolemment. La Pologne, dans le moment actuel, se présente devant la famille européenne, dont elle n'a jamais cessé de faire partie; toute dépouillée et comme mise hors la loi, elle se présente, nous le répétons, comme une victime innocente, meurtrie et ensanglantée, riche seulement d'anciens mérites et souvenirs, et demande à voix haute, devant Dieu et devant le monde, *justice!*

L'Europe peut-elle la lui refuser? Les puissances alliées n'ont-elles pas le droit et même le devoir de réviser ces traités de Vienne qui se trouvent déchirés et de les remplacer par d'autres stipulations? Ne se sont-elles pas réservé expressément la faculté dans l'article cinq de faire des propositions dans l'intérêt général de l'Europe en dehors de ce qui fait l'objet des premiers quatre points?

Laisseront-elles passer cette occasion? La cause polonaise n'appartient-elle pas aux affaires générales de l'Europe? Est-ce que la cause de la Turquie, État vermoulu et non chrétien, qui ne peut plus se soutenir par ses forces seules, se trouve plus digne d'être défendue par le dévouement des chrétiens et par les efforts de leurs grandes puissances, que la cause de la Pologne spoliée, de la Pologne chrétienne, de la Pologne bien méritante de l'Europe, de la Pologne enfin, malgré tout ce qu'on a fait pour la tuer, pleine encore de séve et de vie?

Non, non, cela ne saurait-être. Cela serait une honte, un crime, un nouveau meurtre commis par des mains juqu'ici innocentes!

La France et l'Angleterre, fières de leur union et de la noble et grande cause pour laquelle elles combattent, ne peuvent pas s'abaisser jusqu'à un oubli complet de la Pologne, ce qui les ferait participer, pour ainsi dire, dans son meurtre, et devraient au contraire saisir le dernier moment favorable peut-être pour racheter l'ancienne et coupable apathie à ce sujet, qu'ils rachètent comme nous voyons par une si sanglante pénitence.

Qu'elles se gardent de participer à un attentat, dont la honte ne pèse que sur les despotes du triumvirat.

Autrement, malheur à elles, malheur à l'Europe, malheur à l'humanité, et malheur à vous aussi meurtriers et despotes!.......

La Pologne, nous le répétons, c'est le boulevard de l'Europe, c'est la paix durable, car elle est basée sur la réalité, la vérité et la justice. Sous la garde d'une telle Pologne, et de la Suède, fortifiée par la restitution de la Finlande, l'Europe pourrait reposer en paix et continuer à développer sa civilisation et ses richesses.

« Non, non, la Pologne n'est pas encore perdue, » voilà le mot d'ordre pour les puissances occidentales !

Qu'elles le prononcent d'une manière solennelle au milieu des négociations entamées, qu'elles l'appuyent de leurs forces, et ces paroles, répétées en écho par un peuple de vingt millions d'âmes, prêt à sacrifier corps et biens pour les réaliser, suffiront pour assurer la victoire et le repos de l'Europe à tout jamais.

Ce serait là, certes, un bien beau et éternel monument de gloire que s'édifieraient ainsi les puissances placées aujourd'hui à la tête de l'Europe. Ce monument, la gratitude des sauvés le sanctifierait, et l'avenir lui tresserait des couronnes immortelles par les mains de l'histoire !

Terminé à Vienne, le 2 février 1856.

D. P.

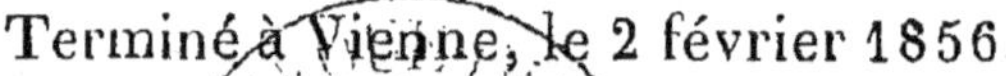

Paris. — Imp. de L. MARTINET, rue Mignon, 2.